Dietrich Volkmer

Demokrit

Vom Mythos
zur
Atom-Theorie

Zur Geschichte
der Vorsokratiker
als Erzählung

Dietrich Volkmer

Demokrit

Vom Mythos
zur
Atom-Theorie

Zur Geschichte
der Vorsokratiker
als Erzählung

Vom Mythos zur Atom-Theorie

Die Deutsche Nationalbibliothek verzeichnet diese
Publikation in der Deutschen Nationalbibliografie;
Deteaillierte bibligrafische Daten sind im Internet über
http://dnb.ddb.de
abrufbar

Text, Layout und Umschlaggestaltung: Dr. Dietrich Volkmer

www.literatur.drvolkmer.de

Internet-Seiten
www.literatur.drvolkmer.de
www.privat.drvolkmer.de
www.drvolkmer.de

Herstellung und Verlag:
BoD – Books on Demand, Norderstedt
Printed in Germany,

ISBN 9783756232741

Inhalt

Verehrte Leser,
ich habe den Text viele Male durchgelesen und kontrolliert.
Sollte mir doch ein Fehler unterlaufen sein, so bitte ich um
Nachsicht.

Zitate und Lebensweisheiten

Demokrit

Die Welt ist eine Bühne, das Leben wie ein Durchgang. Du kamst, du sahst und du gingst wieder

Der Sieg über sich selbst ist der erste und grösste Sieg

Leben ohne Feiern ist wie eine lange Strasse ohne Gaststätten

Die Glückseligkeit kommt nicht von äußeren Gütern, man muss sich daran gewöhnen, aus sich selbst die Freude zu schöpfen

Leukippos

Nichts ist zufällig, alle Dinge geschehen aus einem Grund oder aus einer Notwendigkeit

Demokritos von Abdera

Es scheint so zu sein, dass die Zeit, wenn man sie einmal personifizieren darf, zu bestimmten Epochen aus der Welt der Ideen bestimmte Impulse oder Denkanstöße in die reale Welt entlässt, die von einzelnen oder mehreren Menschen empfangen, weiter verarbeitet und weiter getragen werden.

Man spricht dann von einer Zeitqualität, die gewisse Inhalte in sich trägt, im Unterschied von der Zeitquantität, die man ganz lapidar von der Uhr und vom Kalenderblatt abliest.

Nicht immer stoßen diese neuen Anregungen auf fruchtbaren Boden, weil sie entweder zu früh kommen oder von der Mehrheit der Unverstehenden abgelehnt werden.

Man denke an den ägyptischen Pharao Echnaton, dem die Vielgötterei suspekt war und daher die Sonnenscheibe Aton als einzigen Gott proklamierte. In meinem Buch über ihn bezeichne ich ihn als den „Ersten Messias". Doch die Zeit war noch nicht reif für solch epochale religiöse Neuerungen, seine Botschaft fiel auf unfruchtbaren Boden. Das Alte, das Herkömmliche, das Bequeme, das Verharrende behielt die Oberhand und seine Idee des Monotheismus musste noch etwas warten.

In einer anderen Region traten jetzt Männer später an die Öffentlichkeit. Es war im Alten Griechenland, im Gebiet der Ägäis und teilweise auch in Magna Graecia, in üditalien und auf Sizilien.

Es war die Zeit nach Homer und Hesiod. Der erste hatte die Welt mit zwei großen Epen beschenkt, der „Ilias" und der „Odyssee". In beiden Dichtwerken sind es aber noch immer die Götter, die in die Schicksale der Menschen eingreifen. Man denke an die Auslösung des Trojanischen Krieges, allein durch die Verleihung eines goldenen Apfels mit der Aufschrift „Der Schönsten", der durch die Siegerin Aphrodite und den Raub der Helena zu diesem zehnjährigen Kampf um Troja führten, in dem die Götter sich noch gehörig auf beiden Seiten einmischten. Auch die Odyssee ist auf der Heimreise von Odysseus voll von Kommunikation und Auseinandersetzungen zwischen dem Helden und Göttern und gottähnlichen Wesen, insbesondere Poseidon und Athene.

Der Dichter Hesiod beginnt kühnerweise in seinen Schriften mit einer Anthropomorphisierung der Götter. Ja, er beschreibt sogar das Werden und die Entstehung der Götter. Für Christen in Bezug auf ihren Gott und Schöpfer nur schwer nachvollziehbar.

Irgendwann traten Persönlichkeiten auf, die der Welt andere Erkenntnisse abringen wollten, die heraus wollten aus dem mythischen Dunkel, in dem die Götter auf eine nicht immer nachvollziehbare Weise herrschten und alles lenkten, sondern Fragen stellten nach dem „Woher?", „Wieso?" und „Warum?".

Man kann etwas vordergründig sagen: Es ist der Wandel vom Mythos zur Ratio.

Es war kein abrupter Übergang in kürzester Zeit, sondern ein langsamer, der sich zum Teil über Jahrhunderte erstreckte. Zu lange, zu intensiv verharrte in den Köpfen der Alten Griechen der Glaube an die Götter. Kaum konnte man erwarten, dass die meisten in der Lage waren, die Schriften von Homer und Hesiod zu lesen. Sie blieben ganz schlicht in ihrer gewohnten Herkömmlichkeit.

Aber einige wenige wachten auf, machten sich Gedanken um alles, was um sie herum existierte. Sie gaben sich mit einfachen, banalen Antworten nicht zufrieden, sondern versuchten den Dingen auf den Grund zu gehen.

Später gab man ihnen oder sie sich selbst den Namen „Philosophen". Nach dem Griechischen „philia – Liebe, Freundschaft" und „sophia – Weisheit".

In diesem Buch geht es um die Anfänge – diese Zeit wurde im Nachhinein als die Zeit der Vorsokratiker bezeichnet, also die Zeit vor Sokrates, Platon und Aristoteles.

Es ist übrigens bemerkenswert, dass ungefähr zu der gleichen Zeit als in Hellas die ersten neuen Ideen das Licht der Welt erblickten, weiter im Osten Konfuzius seine Lehren empfing und in Persien Zarathustra lebte.

Man muss sich nun vor Augen halten, dass ihre Gedankengänge in einer Zeit erfolgt sind, die rund 2500 Jahre zurück liegt. Es dürfte daher nicht immer leicht sein, genau nachzuempfinden, was sie sich bei bestimmten Begriffen gedacht haben. Und auch damalige Nachfolger und Nachfolge-Generationen könnten sicher einiges inhaltlich verändert haben, wenn es nicht in ihr eigenes Weltbild, also in ihr philosophisches Konzept passte. Man darf eines nicht vergessen, auch damals gab es schon so etwas wie eine intellektuelle Konkurrenz.

Kann man sich also auf die Aussagen ihrer Zeitgenossen und auf die in der Zwischenzeit erfolgten Abhandlungen und Beschreibungen verlassen?

Man hat keine andere Wahl.

Es besteht höchstens die Möglichkeit, das Bestehende und Überlieferte durch eigene Gedanken zu ergänzen.

Und – das soll nicht verhehlt werden – durch etwas Phantasie zu individualisieren und einzufärben. Daher soll dieses kurze Buch kein philosophisches Traktat werden, sondern mehr der Versuch einer mehr romanhaften Gestaltung und Interpretation des Geschehens vor zweieinhalb tausend Jahren. Ein Roman lässt dem Schriftsteller immer einige Freiheiten, und wenn es auch nur um einige Jahre des historischen Geschehens handelt. Eine grosse Hilfe bei dieser Betrachtung waren für mich die unter der Rubrik ‚Literatur' angegebenen Bände.

Zum Schluss dieser einleitenden Worte die Frage: Warum eigentlich Demokrit, warum nicht Thales oder Empedokles, dem immerhin der deutsche Dichter Hölderlin ein Werk widmen wollte, das leider unvollendet blieb?

Warum also Demokrit?

Ganz einfach! Von allen Vorsokratikern hat er, zusammen mit Leukippos, mich immer schon fasziniert, weil er Gedanken des 19. und 20. Jahrhunderts ohne irgendwelche technische Hilfsmittel vorweggenommen hat, nur durch Nachdenken, Schauen, Überlegen und Fragen.

Zum anderen hat er in der damaligen Zeit einige Maximen zu einer wohltuenden und vernünftigen Lebensführung geprägt, die fraglos auch heute noch auf viele dieser arroganten und überheblichen Gestalten ihre Berechtigung hätten oder haben.

Wer in der heutigen Zeit fragt schon danach, woher der Begriff „Atom" kommt und was es eigentlich bedeutet? Das griechische Wort „atomos" bedeutet so viel wie „nicht mehr weiter teilbar, nicht zerkleinerbar, nicht weiter zu zerschneiden".

Natürlich konnte er, Demokrit, damals nicht ahnen, dass dieses Wort im letzten Jahrhundert zu einem Schreckenswort geworden war, weil man in den 30er Jahren herausfand, dass bestimmte Atome doch weiter teilbar und zu spalten sind. Mit ungeheuren und unheilvollen möglichen Wirkungen und Folgen für die Menschen, wie es uns im Jahr 1945 auf schreckliche Art und Weise in Japan demonstriert wurde.

Aber den Menschen ist es auch gelungen, dieses Phänomen der Spaltung in einen kontrollierten Ablauf zu überführen, der aber einer strengen Kontrolle bedarf, wie es die Unglücke der letzten Zeit deutlich bewiesen haben.

Vielleicht ist es vom Sprachlichen her noch zu erwähnen, dass diese gefährlichen Materialien oder besser gesagt Elemente noch griechische Spuren in sich tragen.

Uran ist nach der Urschöpfung und ihrem „Teilnehmer" Ouranos benannt, der sich durch ein ungehemmtes Vermehrungspotential auszeichnete, bis er von einem Nachfahren eingeschränkt und gebremst werden musste. Das zweite wichtige Element ist Plutonium, von Pluto, dem Gott der Unterwelt abgeleitet, auch Hades genannt, der Herr über die bleichen Seelen der Verstorbenen, von den Menschen damals mit Furcht und Schrecken in Verbindung gebracht.

Man muss also den Wissenschaftlern eines konzedieren: Sie haben vielleicht intuitiv bei der Wahl der Bezeichnungen für bestimmte Elemente recht passende, aus der griechischen Mythologie entlehnte Namen gefunden.

Demokritos von Abdera

Jugendzeit

Es war ein warmer Frühlingstag im Jahre 450 vor Christus. Hegesistratos wanderte mit seinem zehnjährigen Sohn Demokritos (wir nennen ihn im Laufe des Buches nur noch einfach Demokrit) am Strand von Abdera entlang. Demokrit machte es Freude, mit seinen nackten Füßen durch den warmen Sand zu pflügen, während der Vater, sandalenbewehrt, auf ihn einredete. Er erzählte vom gestrigen Tag, als er mir seinem Boot aufs Meer hinaufgefahren war und viele Fische mit dem Netz gefangen hatte. Das Meer war seine große Liebe, das hatte er von seinem Vater geerbt, der mit einigen Schiffen Handel mit den Küstenstädten Kleinasiens und Phönizien betrieb.

Auf einmal schrie der Junge auf. Er war mit einem Fuß an einen Stein gestoßen.

„Ein bischen vorsichtig musst du schon sein, wenn du keine Schuhe anhast" meinte der Vater, „im Sand können immer noch Steine liegen, die das Meer hierher gespült hat. Wenn sie nur lange genug hier am oder im Meer liegen, dann schafft es das bewegte Wasser mit unendlicher Geduld diese Steine klein zu reiben. Siehst du den Sand, all das waren einmal Steine, das Meer hat sie so lange hin und her bewegt und zerrieben, bis sie ganz klein waren. Dann werden es Sandkörner, die du eben mit deinen Füßen durchpflügt hast."

Der Sohn hob eine Handvoll Sand auf und schaute sich die einzelnen Körner an.

Man merkte, dass irgend etwas in seinem Kopf vorging.

„Aber wenn die Sandkörner weiter im Meer liegen und das Wasser sie bewegt, werden sie dann noch kleiner? Geht das überhaupt? Oder verschwinden sie dann einfach auf Nimmerwiedersehen? Oder kann man sie dann nicht mehr mit bloßem Auge sehen?"

Der Vater kratzte sich etwas verlegen an seinem kahlgeschorenen Kopf.

„Du stellst vielleicht komische Fragen! Woher soll ich das wissen! Überleg doch mal, wenn etwas ist, also mit den Händen anfassbar und fühlbar ist, auch wenn es noch so klein ist, dann kann es doch nicht so verschwinden oder sich auflösen. Mehr kann ich dir dazu nicht sagen."

So ganz zufrieden war Demokrit mit der Antwort nicht, aber der Vater versuchte ihn abzulenken, indem er auf ein Schiff zeigte, das sich dem Hafen von Abdera näherte.

„Vielleicht gibt es wieder Neuigkeiten oder Schriftrollen aus Milet oder Ephesos. Dein Großvater hat sich für die beiden Weisen Thales von Milet und auch Heraklit von Ephesos sehr interessiert. Er meinte jedoch, dass es wahrlich schwer zu verstehen ist, was Heraklit so von sich gibt. Aber er ist jetzt alt geworden und spricht nicht mehr so viel! Über diese Dinge schon lange nicht mehr."

Der Zeh, an den er sich gestoßen hatte, blutete nicht mehr und so schien Demokrit ihn offenbar auch nicht mehr zu spüren.

Zu Hause erwartete ihn schon sein persischer Lehrer, den der Perserkönig Xerxes seinem Vater bei einem Besuch in Abdera nahe gelegt hatte.

Begegnung mit Leukippos

Es ist einige Jahre später, als Hegesistratos auf seinen Sohn zuging und meinte: „Ich glaube, wir kriegen Besuch aus Milet. Ich habe einen der Schiffsführer gebeten, in Milet nach einem Weisen mit Namen Leukippos zu suchen, der sich mit neuartigen Fragen beschäftigte. Kannst du dich an unseren damaligen Spaziergang am Meer erinnern, als du mich nach der Größe der Sandkörner fragtest, ob sie noch kleiner werden und ob sie sich irgendwann auflösen. Nun, wenn du noch immer solche schwierigen Fragen hast: Bei Leukippos bist du gut aufgehoben, wie ich gehört habe, der soll sich mit so etwas befassen."

Draussen vor dem Haus hörte man Stimmen.

„Ich glaube, er ist gekommen und ich werde ihn begrüssen gehen."

Leukippos war schon etwas älter und sein Haar zeigt bereits eine Reihe von grauen Fäden.

Der Vater schüttelte ihm herzlich die Hand.

„Ich freue mich, dass du unserer Einladung gefolgt bist. Mein Sohn – ich habe ihm von dir erzählt – ist schon ganz gespannt und neugierig, sich mit dir zu unterhalten. Aber eins muss ich dir vorher gestehen: Er stellt oft ganz schwierige Fragen, die ich ihm nicht immer beantworten kann. So wollte er vor einiger Zeit wissen, ob man Sandkörner noch weiter zerkleinern kann. Das nervt mich manchmal. So hoffe ich, dass du ihm vielleicht Rede und Antwort stehen kannst."

„Mein Freund," Leukippos redete alle immer so an, „mach dir keine Gedanken. So ist es überall mit den jungen Leuten. Sie wollen immer alles ganz genau wissen, und das möglichst schnell. Da hilft nur eines: Geduld! Mit Ungeduld kann man keine Rätsel lösen oder den Geheimnissen der Natur auf den Grund gehen. Dein Sohn und ich werden schon gut miteinander auskommen. Aber jetzt, nach der langen Reise, wäre es unhöflich von mir, wenn ich dich bitte, auch mal an mein leibliches Wohl zu denken?"

„Aber natürlich," meinte Hegesistratos, „meine Frau Hermione hat schon etwas für uns angerichtet. Und der Wein von Abdera wird in ganz Thrakien gelobt."

Demokrit setzte sich zu den beiden.

„Sag mal," so fing er gleich ganz neugierig an, „woher kommt eigentlich dein Name Leukippos? Du hast doch kein weisses Pferd."

Leukippos lachte.

„Du hast recht, ich habe keines. Aber mein Vater war ein Pferdeliebhaber. Er schwärmte immer von einem weissen Pferd. Und da er keines fand oder kaufen konnte, hatte er mir diesen Namen gegeben. Aber jetzt zu dir. Dein Vater hat mir gerade erzählt, dass du ihm eine ganz schwierige Frage nach den Sandkörnern gestellt hast. Ob man die noch weiter zerkleinern kann? Nun, das trifft sich gut. In Milet haben wir einen Freundeskreis, der sich mit so ungewöhnlichen Fragen beschäftigt. Wir treffen uns einmal im Monat und jeder bringt Fragen oder neue Erkenntnisse mit, über die er nachdenkt oder die ihm durch einige gescheite Seeleute zu Ohren gekommen sind. Es soll in Akregas auf Sizilien einen berühmten Weisen geben, der sich mit allen möglichen Fragen dieser Art beschäftigt hat. Sein Name ist Empedokles. Aber darüber werden wir später einmal reden. Das wäre jetzt zuviel für dich."

Demokrit hatte ganz gespannt zugehört. Er hatte das Gefühl, jetzt jemanden vor sich zu haben, den er mit seiner Neugier etwas behelligen konnte.

„Schau mal," meinte Leukippos und holte aus seiner großen Tasche einen Schwamm von der Insel Kalymnos und einen kleinen Stein heraus, „nimm jetzt einmal den Schwamm in deine Hand und danach den Stein. Was merkst du, wenn du den Eindruck von beiden vergleichst?"

„Wenn ich auf den Schwamm drücke, dann fühlt sich das weich an, ich kann ihn zusammendrücken. Beim Stein kann ich drücken so viel ich will, er ist einfach nur hart und gibt nicht nach."

„Kannst du dir vorstellen, woran das liegt?"

„Das liegt sicher daran, dass im Schwamm große Poren sind, in denen Luft ist. Vorher war sicher Wasser drin."

„Genau! Je mehr Luft in irgend etwas drin ist, desto leichter ist es. Und desto leichter kann man es auch in kleinere Teile schneiden. Je weniger Luft in einem Gegenstand enthalten ist, desto schwerer wird er."

Demokrit grübelte etwas.

„Und wie ist es mit dem Wasser? Wenn ich zur Quelle gehe und einen Eimer mit Wasser holen muss, dann ist das ganz schön schwer! Ist da Luft drin oder nicht?"

Leukippos von Milet

Über Thales von Milet

„Ich merke, dass du dich für diese Dinge interessierst. Als ich so alt war wie du, berichtete man mir von Thales, der ein berühmter Philosoph war und vor über hundert Jahren in meiner Heimatstadt Milet gelebt hatte. Er hatte sich über vieles Gedanken gemacht, galt aber bei seinen Mitbürgern als ein wenig schrullig. So erzählte man von ihm, dass er eines Tages spazieren ging und dabei seinen Blick nur nach oben auf den Sternenhimmel richtete, stolperte und in einen Brunnen fiel. Eine Magd aus Thrakien kam vorbei, sah ihn da liegen und konnte sich nicht verkneifen zu spotten: ‚Du willst wissen, was am Himmel so vor sich geht, aber was vor deinen Füßen liegt, scheinst du zu übersehen.' Er ist viel gereist, war sogar in Ägypten bei den Priestern des Gottes Amun und hat dort mit einer genialen Idee die Höhe der Pyramiden vermessen. Aber das ist nur ein Teil, was es über ihn zu wissen gilt. Das Denken seiner Zeitgenossen galt damals hauptsächlich dem täglichen Leben, dem Essen und Trinken, der Landwirtschaft und dem Wissen um die althergebrachten Mythen. Thales hingegen war damit nicht zufrieden. Vieles was die Menschen nicht verstanden, wollte er nicht durch das Walten und Wirken menschenähnlicher Götter erklären. Er fragte nach dem Urgrund aller Dinge, woher alles stammte. Bevor ich dir weiter berichte, möchte noch eines deutlich klarstellen: Niemand ist allein der Urheber neuer Gedanken, was die Welt und ihre Bestandteile anbetrifft. Wir alle stehen auf den Schultern anderer, die vor uns gedacht und geforscht haben. Auch ich! Bevor ich dir aber von meinen Erkenntnissen und Gedanken berichte, möchte ich dir einiges nahe bringen, von denen, die vor mir gelebt und überlegt haben."

Leukippos machte eine kleine Pause. Der Vater saß noch am Tisch und hörte ganz interessiert zu.

„Kommen wir zurück zu Thales von Milet. Bei all seinen Überlegungen kam er zu dem Schluss: Alles hängt vom Wasser ab. Er meinte, alles bestehe aus Wasser oder dem Feuchten, das sei der Ur-stoff, der an allem beteiligt sei, erst durch Verfestigung und danach durch erneutes Zerfliessen. Die ganze Welt schwimme auf dem Was-ser wie ein Schiff auf dem Meer. Durch Unruhe des Wassers, so meinte er, entstünden auch die Erdbeben. Alles sei durch das Wasser belebt, es sei mit göttlicher Kraft erfüllt. Ihm wird auch nachgesagt, sich Gedanken darüber gemacht zu haben, wie man selbst sein Leben gestalten solle. So steht über dem Eingang des Apollo-Tem-pels in Delphi sein berühmter Satz ‚Erkenne dich selbst'. Oder er hat gefragt: Was ist Gott? Seine Antwort: ‚Das was weder Anfang noch Ende hat'.

Thales hat sich beispielsweise als er in Ägypten war, über die jähr-liche Nil-Überschwemmung gewundert. Nach seiner Meinung soll-ten es von Norden her wehende Winde sein, die den Nil daran hindern, ins Meer zu fliessen. Und durch den Stau trat der Nil im ganzen Land über die Ufer. Du bist noch jung, aber ich würde dir unbedingt anraten, später genau wie Thales das Land der Pyramiden zu besuchen.

Das mag heute für dich genügen. Es ist nur einmal ein kleiner Aus-blick in die spannende Welt des Nachdenkens und das Suchens nach Weisheit. Jetzt werde ich mich noch ein wenig mit deinem Vater un-terhalten. Morgen will ich dir noch von einem anderen Weisen aus Magna Graecia berichten, der Erstaunliches von sich gegeben hat.“

Demokrit war ganz begeistert von den Ausführungen Leukippos'. Er nahm noch einmal den Stein in die eine Hand und den Schwamm in die andere. Wie kann es sein, so ging es durch seinen Kopf, dass die Natur einen Teil von sich so hart, ja, fast unerbittlich hart ge-macht hat, dass man damit sogar einen anderen Menschen verletzen kann, auf der anderen Seite sind aber andere Dinge regelrecht weich, dass man sie gerne umfasst?

In der Nacht träumte er schlecht. Im Traum sah er sich mit einem Hammer auf einen Stein einschlagen. Der Stein zerbrach. Und er hieb nochmals auf die Bruchstücke ein und sie wurden immer kleiner. Und was ihn am meisten erschreckte: Beim Schlagen auf den Stein sprühten Funken heraus.

Als er aufwachte, konnte er sich noch deutlich an die Traumerlebnisse erinnern. Er überlegte, soll ich heute Leukippos davon erzählen? Aber er unterliess es, um nicht verspottet zu werden.

Am nächsten Morgen erhob sich Leukippos im Gegensatz zu seinen sonstigen Gewohnheiten ein wenig später. Am Abend hatten wohl Demokrits Vater und er dem thrakischen Wein etwas ausgiebig zugesprochen.

Als er Demokrit sah, ging er auf ihn zu.

„Ich habe dir gestern viel über Thales erzählt. Es gibt jedoch noch einiges was erwähnenswert wäre. Mit meinen Freunden haben wir viel über die These von Thales diskutiert, dass alles vom Wasser abstamme. Nun ja, das ist ja schön und gut, aber wo kommt das Wasser her? Wer hat es erschaffen? Hesiod in seiner Theogonie gibt uns darüber keine Auskunft. Am Anfang war die Erde, so sagt er, und danach der Himmel. Dann erst kamen die Götter! Auch Homer sagt uns nichts darüber, dabei spielt das Wasser in seinen Werken eine so grosse Rolle. Agamemnon mit seiner Riesenflotte musste erst über das Meer, um nach Troja zu gelangen. Und Odysseus – war er nicht, abgesehen vom Aufenthalt bei einigen hübschen Damen, ständig auf dem Meer unterwegs, dem Reich Poseidons, dem Herrn der Flüsse und Meere? Auch er hat das Wasser nicht erschaffen, er selbst wurde ja erst von Rhea, der Frau von Kronos, geboren. Du siehst die Welt ist voller Rätsel, die man klären und hinterfragen möchte.

Eine Lebensregel von Thales möchte ich dir noch mit auf deinen Weg geben: Sprich nie darüber was du in der Zukunft tun willst. Wenn es misslingt, machst du dich nur lächerlich.

Fast zur gleichen Zeit lebte in Milet – du siehst, viele wichtige Erkenntnisse kommen aus meiner Heimatstadt – ein anderer gescheiter Mann. Sein Name ist Anaximander“.

Über Anaximander

„Er war ein gescheiter Mann und hat viel geschrieben – aber nicht als Gedichte oder in Versform, sondern in normalen Worten. Die Astronomie war für ihn sehr interessant, er glaubte die Erde sei frei im Weltraum schwebend und wenn es Nacht wurde, so verschwanden Sonne und Sterne auf der anderen Seite. Auch er suchte nach Erklärungen für die Abläufe in der Natur, über das Entstehen und wieder Vergehen. Er war mit der These von Thales nicht einverstanden, dass alles aus dem Wasser entstünde. Das war ihm zu unbestimmt und zu materiell. Er nahm einen nicht-stofflichen Urgrund an, der für alles Sein existiert, aus dem alles hervorgeht und in den alles wieder seinen Weg zurückfindet. Dafür also, für diesen Ausgangsstoff des Universums, in dem Stoff und Geist noch ungetrennt sind, also keiner der sichtbaren Stoffe vorhanden ist, prägte er den Namen „Apeiron" – das bedeutet so viel wie ‚Das Unbegrenzte, das Unendliche' – also räumlich und zeitlich unbegrenzt."

Leukippos machte jetzt eine Pause, denn er wollte Demokrit nicht überfordern, doch der hatte ganz aufmerksam zugehört.

Doch Demokrit schüttelte ein wenig den Kopf.

„Das verstehe ich nicht. Unbegrenzt und unendlich? Egal, wohin ich mich bewege, irgendwo ist doch immer eine Grenze da. Hier an Land ist es ganz natürlich. Das sind die Berge, da verläuft ein Fluss. Wenn ich aber an den Strand gehe und auf das Meer hinausschaue, dann hat man den Eindruck, das Wasser zieht sich endlos hin und hätte hinten am Horizont keine Grenze. Aber das täuscht natürlich, denn, wie mein Vater mir erzählte, irgendwann kommt man dann doch nach Milet, Ephesos, Phönizien oder gar Ägypten. Beim Himmel bin ich mir nicht ganz so sicher, denn da ist einmal der Mond und dann die Sonne. Was aber dahinter ist und ob überhaupt noch etwas ist, das vermag ich mir nicht vorzustellen."

„Du hast ganz Recht. Auch wir in Milet haben über seine Ausführungen lebhaft diskutiert. Da prallten auch ganz verschiedene Meinungen aufeinander. Aber Anaximander hat sich weitere Gedanken gemacht. Über die Entstehung der Welt und über die Entstehung des Menschen. Irgendwie musste er ja ableiten, wie aus dem ‚apciron', dem Unendlich-Unbegrenzten der Kosmos und damit die Welt und wir alle entstanden sein konnten. Nach seiner Meinung entliess das Unbegrenzte aus seiner All-Umfassenheit ein kreativ-schöpferisches Etwas, das seinerseits die Gegensätze Warmes und Kaltes, Trockenes und Feuchtes hervorbrachte.

Und noch etwas, das sicher deinen Vater interessieren dürfte. Anaximander beobachtete die Entwicklung der Tiere und stellte erstaunt fest, dass die meisten Tiere nach der Geburt sehr schnell auf eigenen Beinen standen und sich selbst oder über die jeweilige Mutter ernähren konnten, während der Mensch lange auf eine Hilfe und Unterstützung zuerst der Mutter und dann noch der Eltern angewiesen ist. Daraus schloss er, dass der Mensch offenbar eine aussermenschliche Herkunft und Entwicklung haben müsse. Und jetzt das Entscheidende: Der Mensch sei zuerst im Körper von Fischen oder ähnlichen Lebewesen herangereift, hätte diese danach verlassen und schlussendlich das Land betreten, als er die Möglichkeit der Selbst-Erhaltung erkannte. Überhaupt meinte er, das Leben als solches könne einfach nur im Feuchten entstanden sein, denn im Mensch sei so viel Feuchtigkeit noch von damals enthalten."

„Wenn das so ist," meinte Demokrit, „dann traue ich mich ja gar nicht mehr einen Fisch zu essen, Es könnte doch sein, dass ich dabei einen Menschen in der Entstehung mit verspeise!"

Jetzt musste Leukippos herzhaft lachen.

„Du nimmst das tatsächlich als verständlich an, was Anaximander da gedacht hat. Wenn ich ehrlich bin, dann kann ich mir das auch nur schwerlich vorstellen. Und er hat ja den Fisch auch nur als Entstehungshilfe angenommen, weil das zu seiner Theorie vom feuchten Stoff passte. Auch der Fisch muss ja eine Entwicklungsgeschichte haben, der entsteht ja auch nicht so ohne weiteres im Meer. Darüber lässt sich Anaximander aber nicht aus. Da ich da skeptisch bin, hätte und habe ich beim Essen von Fisch überhaupt keine Bedenken. Wenn ich schon beim Essen bin: Lass uns eine Pause machen und schauen was Hermione für uns zubereitet hat. Stell dir vor, es gibt Fisch!"

Nun konnte auch Demokrit nicht mehr anders als lachen.

Nach dem Essen ging Leukippos wieder auf Demokrit zu, denn er hatte den Eindruck, als ob der junge Mann sich für dieses Thema langsam zu begeistern begann.

„Ich komme noch mal auf diesen für uns so eigenartigen Begriff „apeiron" zurück. Vielleicht hat Anaximander sich dabei gedacht, dass noch etwas existiere, das hinter oder jenseits unserer Götter steht. Wenn du dir die Götter genau anschaust, dann wird man das Gefühl nicht los: Sind sie in ihrem Verhalten nicht allzu menschlich oder haben wir sie erst dazu gemacht? Denke an die alten Mythen: Zeus, der Göttervater, ist er nicht ständig auf der Suche oder gar Jagd nach jungen hübschen Mädchen? Und Hera: Scheint sie nicht ständig wegen der Liebesabenteuer ihres Gatten zu schmollen? Und Apollon? So hin und wieder zeigt er auch eine Schwäche für das weibliche Geschlecht. Bei Aphrodite ist es besonders deutlich: Sie lebt ihre Schönheit und Weiblichkeit so richtig aus. Um nur einige zu nennen. Hat sich also Anaximander irgend etwas noch jenseits der Götter vorgestellt, das er nicht beschreiben konnte? So, jetzt lasse ich dich mit all diesen Berichten allein und werde noch meinen Spaziergang am Meer machen. Da kommen mir immer die besten Gedanken."

Über Anaximenes

Am nächsten Morgen war Leukippos früh wach und hatte sich einige Ideen notiert, um sie nicht zu vergessen.

„Ich habe dir noch etwas aus Milet zu berichten. Nicht dass du denkst, alle wichtigen Weisen kommen aus Milet. Nein, nein! Es gibt noch einige andere, die aus anderen Regionen kommen. Heute erzähle ich dir noch von Anaximenes, man sagt er sei ein Schüler von Anaximander gewesen. Keineswegs hat er sämtliche Thesen von seinem Lehrer übernommen, sondern hat sich seine eigenen Gedanken gemacht. Anaximander hielt es nicht für sinnvoll, einen einzelnen Stoff wie Wasser als Ursprung oder Urstoff der Welt anzusehen. Das war ihm zu materiell oder zu einfach, sondern hinter allem müsste noch etwas Geheimnisvolleres vorhanden sein, das man nicht näher beschreiben kann, für das im Grunde Worte fehlen. Anaximenes glaubte an einen Urstoff oder Grundstoff, der durch Verdünnung und Verdichtung alles andere hervorruft oder erzeugt. Er nimmt Luft als diesen Grundstoff an, der sich durch Dünne oder Dichte jeweils verwandelt. Durch Verdünnung wird es Feuer, durch Verdichtung Wind, dann Wolken. Weitere Verdichtung bewirkt Wasser, schlussendlich Erde und aus dieser dann Steine und Felsen. Warum und wieso die Luft sich durch diese Prozesse verwandelt und was der eigentliche Auslöser dafür ist, darüber lässt uns Anaximenes leider im Unklaren. Eine etwas eigenartige Erklärung zur Entstehung der Gestirne und der Himmelskörper allgemein ist überliefert: Aus der Erde, die ja am Anfang stand, steigt Feuchtigkeit auf, durch den Prozess der Verdünnung entsteht Feuer, das durch seine Leichtigkeit nach oben steigt und uns als Sterne sichtbar wird. Der Ausgangsstoff ist also nicht wie bei Anaximander unbestimmt und schwer erklärbar, sondern er ist definierbar und wird nur durch Verdünnung und Verdichtung zu andern Stoffen oder Elementen wie Feuer, Wasser, Erde, Wolken, Nebel und auch festes Material wie

Steine. Weil wir so viele verschiedene Stoffe auf der Erde haben, scheint es sich bei der Luft um etwas mit unbegrenzten Potential zu handeln. Nicht ganz klar ist hingegen: Wenn alles Entstandene aus der Verdünnung und Verdichtung von Luft besteht, dann müsste doch beim Zerfallen oder Vergehen wiederum Luft entweichen, die vorher den Stoff gebildet hat. Das würde bedeuten, da alles in dieser Welt irgendwann wieder zerfällt, dass eine Art Kreislauf entsteht und die Luft, selbst wenn sie nur in begrenzen Mengen zur Verfügung stünde, sich wieder regeneriert. Eine Tatsache mag vielleicht noch die Meinung von Anaximenes unterstreichen. Er hat beobachtet, an sich und an anderen, dass ohne Luft ein Leben unmöglich ist, dass Luft ein lebenserhaltendes Prinzip ist. Einatmen bedeutet Verdichten und Ausatmen Verdünnen. Daraus hat er vielleicht seine ganzen Thesen abgeleitet oder entwickelt. Eine eigenartige Vorstellung hat er von der Erde und den Gestirnen. Die Erde sei flach und schwebe wie eine Scheibe auf der unter ihr liegenden Luft. Auch Sonne, Mond und Sterne seien flach. Diese Beobachtungen von Anaximenes kann ich sowie viele andere mit Einschränkungen noch nachvollziehen. Aber eine andere Feststellung von ihm befremdet mich etwas. Der aus dem Mund austretende Atem soll kalt sein, wenn die Lippen zusammen gepresst sind und sich die Luft verfestigen soll. Ist der Mund hingegen weit offen, ist die ausgeatmete Luft deswegen schlaff und dünner. Probiere ich das bei mir selbst aus, dann kommt mir das ein wenig seltsam vor.

So, damit möchte ich eigentlich die Betrachtung der grossen Denker von Milet abschliessen. Aber es gibt noch zwei wichtige weise Männer, die ausnahmsweise nicht aus Milet kommen, die ich dir nicht vorenthalten möchte, weil sie mich sehr geformt haben und ich denke, dass sie ein Anstoss auch für deine weitere Entwicklung sein können. Und ganz zum Schluss werde ich dir von meiner eigenen Forschertätigkeit berichten."

Der Vater schaute kurz herein.

„Hast du einen geduldigen Zuhörer?" wandte er sich an Leukippos.

„Wir sind noch lange nicht fertig," antwortete statt dessen Demokrit, „Leukippos hat mir noch von zwei weiteren Liebhabern der Weisheit erzählt, von denen er viel gelernt hat. Aber sag mal, Leukippos, wo und bei wem hast du das alles her, worüber du mir berichtet hast?"

„Weisst du, Demokrit, ich wollte immer alles wissen. Ich kam mir oft vor, wie ein leeres Fass, das gefüllt werden müsste. Wenn ich gesehen habe, dass sich Schiffe dem Hafen genähert haben, bin ich flugs hingegangen und habe die Leute gefragt, was sie Neues aus der Ferne mitbrächten. Sicher, es gab einige Grobiane, denen ich mit meinen Fragen lästig war und die mich wegschubsten. Andere hingegen waren recht gesprächig, da ihnen die Neuigkeiten auf der Zunge brannten und froh waren, gleich nach der Seereise in mir einen interessierten Zuhörer zu finden. So weit zu deiner Frage. Jetzt will ich mit deinem Vater einen Freund von ihm besuchen, der gleich in der Nähe lebt. Morgen machen wir weiter."

Demokrit hatte sich einige Notizen gemacht, die er noch mal durchlesen wollte.

Anaxagoras

Der Besuch bei dem Freund schien den beiden wohl gut gefallen zu haben, wie sie am nächsten Morgen unisono verkündeten. Leukippos hatte versucht herauszufinden, um welche Rebsorte es sich wohl beim Wein gehandelt hatte. Doch in der Frühe erinnerte sich gleich wieder an sein Versprechen, noch über zwei weitere weise Männer zu berichten und so legte er gleich los.

„Wenn ich dir jetzt über Anaxagoras berichte, dann tue ich das mit einer gewissen Hochachtung, denn er hat Ideen präsentiert, die meinen Gedanken schon recht nahe kommen. Leider hat er etwas ungünstige Formulierungen verwendet. Darauf kommen wir gleich zu sprechen. Er stammt aus Klazomenai, einem kleinen Ort an der Westküste von Ionien. Sein grosses Verdienst ist es, dass er die Philosophie in das etwas allzu selbstbewusste Athen brachte, denn hier hatte man nicht gerade überheblich arrogant und selbstherrlich auf die anderen Gebiete von Hellas herab geschaut. Der Staatsmann Perikles und der Tragödiendichter Euripides waren seine Schüler und Freunde.

Er vertrat die These, kein Ding entsteht oder vergeht von sich aus, sondern mischt sich aus vorhandenen Dingen und geht wieder auseinander. Wie könnte sonst ein Auge entstehen, wenn nicht etwas Ähnliches oder Entsprechendes sich zu diesem Organ mischen würde. Ebenso wie die anderen Weisen, von denen ich dir berichtethabe, suchte auch er nach dem Urstoff. Es erschien ihm etwas zu einfach, nur einen einzigen Stoff anzunehmen. Vielmehr war er von dem Gedanken besessen, es müsse eine Unzahl von einander verschiedener Urstoffen geben, aus denen sich jetzt alles auf dieser Welt zusammensetzt. In Anlehnung an die Natur nannte er diese kleinen Materie-Partikel ‚Samen' oder ‚Keime'. Alles Entstehen ist eine Art Zusammenmischung und alles Vergehen eine Entmischung der Urelemente. Und dann geht er auf die verschiedenen Körperorgane ein.

Wenn sich aus der Nahrung des Menschen so viele verschiedene Stoffe und Körperorgane bilden können, dann muss doch in der Ernährung schon so etwas Vorgeformtes vorhanden sein, das sich dann im und am Menschen entwickeln kann. Aus einer Art Haar-Urstoff bildeten sich die Haare, aus einem Zahn-Urstoff in der Nahrung entstanden während des Wachstums die Zähne und das Blut, das bei einer Verletzung aus dem Körper entströmt, musste seine Farbe irgendwoher haben. Und eine weitere wichtige Erkenntnis stammt von ihm: Er glaubte daran, dass sich jenseits der groben Materie etwas anderes, Feineres befände. Er nannte es Nous (Geist), das dem Stofflichen übergeordnet sei. Es ist erstmals die Trennung zwischen bewegter Materie und bewegender Kraft. Natürlich hatte auch er Schwierigkeiten, sich das Prinzip 'Nous' vorzustellen oder es exakt zu definieren. Er konnte das 'Nous' sich noch völlig losgelöst vom Materiellen und Stofflichen denken. Es sei das unglaublich Feinste aller Dinge und auch das Reinste, Unvermischte. Aber es besass offenbar eine unglaublich schöpferische Potenz, die sich durch die Bewegung des Stoffes definiert. Im Grund ist es in der griechischen Lehre ein Novum, dass der Geist als alleiniges und von der Materie getrenntes Prinzip auftritt. Es mischt sich nicht mit anderem, aber von ihm geht alles aus. Es ist quasi der „erste Beweger", der eine Ordnung in das Chaos, das Ungeformte der Ursamen brachte, und zwar durch eine unablässige Bewegung. Es lohnt sich, über die Gedanken von Anaxagoras weiter zu forschen. Hier noch einen Satz von Anaxagoras, als er gefragt wurde, zu welchem Zweck es jemand wohl vorziehen könnte, eher geboren zu sein als nicht geboren zu sein: Nämlich: Um das Himmelsgebäude zu betrachten und die Ordnung des Weltalls."

Der Vater von Demokrit kam hinzu.

„Sagt mal, wie lange wollte ihr noch über all die grossen Geister unserer Zeit diskutieren. Ihr vergesst dabei das wirkliche Leben, das nicht nur aus Gedanken besteht, sondern auch aus Taten. Schau, Demokrit, wenn deine Mutter auch so veranlagt wäre und immer nur nachdenken würde, ich weiss nicht, wie deine Geschwister darüber urteilen würden. Und damit kommen wir zur Sache: Deine Mutter hat jetzt für uns das Abendessen vorbereitet und dabei lassen wir einmal Thales und Anaximander, und wie sie alle heissen mögen, ausser Betracht und widmen uns in aller Ruhe und Beschaulichkeit den materiellen Dingen des Lebens. So, Hermione wartet schon auf uns."

Nach dem Essen fühlte sich Leukippos ein wenig müde.

„Lass uns morgen mit unserer Weisheitsschau weitermachen. Es gibt noch jemanden, den ich unbedingt für erwähnenswert halte und der eine Reihe neuer Ideen in die Welt getragen hatte. Er kommt nicht aus Milet, das nur als Vorschau. Leider habe ich ihn nicht persönlich kennen gelernt."

Empedokles

„Die Nachtruhe hat mir heute gut getan und so fielen mir noch einige Einzelheiten zu dem von mir angekündigten Forscher ein: Es ist Empedokles. Ein ungewöhnlicher Mensch! Um ihn ranken sich eine Reihe von Geschichten und Geschichtchen, ob sie alle der Wahrheit entsprechen, kann ich nicht beurteilen. Er lebte in Akragas auf Sizilien. Ich möchte ihn fast als Universaltalent bezeichnen. Es gibt wohl kaum etwas, auf das er nicht sein Augenmerk geworfen hatte. Der Politik galt sein Interesse, er verfasste Gedichte und schrieb eine Reihe von gelehrten Schriften. Medizin und Gesundheit fesselten ihn sehr, so dass er den Menschen dort sogar als ärztlicher Berater zur Seite stand. Man sagt, so manche verehrten ihn sogar als Gott. Vielleicht hat ihm das geschmeichelt und er glaubte es fast schon selbst. Ich wäre in solchen Dingen aber sehr vorsichtig, denn wer weiss, ob die Götter das nicht als Hybris ansehen und sich strafend einmischen. Denn so ganz können wir sie wohl nicht aus unserem Leben und der Welt verbannen."

Leukippos machte eine kleine Pause, um den letzten Satz etwas einwirken zu lassen.

„Aber kommen wir zurück auf seine eigentliche Leistung als Freund der Weisheitslehre. Seine Hauptthese war in Anlehnung an Parmenides ‚Nichts was ist, kann aus dem Nichts entstehen'. Also muss es für die Entstehung von allem etwas gegeben haben. Er schuf dafür den Begriff der vier unzerstörbaren Elemente. Alles was ist, ist eine Mischung aus diesen vier Elementen oder Urstoffen: Feuer, Wasser, Luft und Erde. Diese füllen den ganzen Raum aus, es gibt also kein Nichts. Sie können auch nicht ineinander übergehen. Er nennt sie die ‚vier Wurzeln des Seins', sie sind unveränderlich und sind nicht geworden und können nicht vergehen. Wie kommt es nun zur Mischung dieser vier Elemente? Empedokles präsentiert uns dazu zwei neue Kräfte: Zum einen die Liebe, die anziehend und vereinigend wirkt. Ihr gegenüber steht der Hass oder Streit, der zerstörend, abstossend und trennend wirkt. Er orientiert sich dabei, so nehme ich an, wahrscheinlich an den beiden grossen Hauptjahreszeiten, Sommer und Winter, im weiteren Sinne an Wärme und Kälte. Es ist ein ständiger Wechsel und Wandel. So gibt es Perioden, in denen die Liebe herrscht, aber der Hass wirkt im Hintergrund, bis er wieder nach einer langsamen Zwischenphase, denke mal an den Herbst, die Oberhand gewinnt. Bei diesen Phasen werden natürlich die vier Elemente mit einbezogen und unterliegen somit auch diesen Einflüssen durch Mischung. Wenn die Welt dunkel durch den Hass und Streit geworden ist, sehnt sie sich wieder nach Helligkeit und Licht – das Frühjahr beginnt mit Wachstum und Zeugung, bevor es wieder seine ausgeprägteste Entfaltung und Vitalität im Sommer gewinnt. Ein ewiger Zyklus, der immer wieder von Neuem beginnt. Nach seiner Meinung hat sich auch der gesamte Kosmos, das Universum, auf diese Weise entwickelt, ein ewiger Wechsel zwischen diesen verschiedenen Phasen, die natürlich von längerer Dauer sind, so das wir Menschen mit unserer kurzen Lebensspanne es gar nicht überblicken können."

Leukippos machte eine kleine Pause, als ob er seine Gedanken ein wenig sortieren wollte.

„Hast du dir mal Gedanken gemacht, was es bedeutet, etwas zu sehen, zu hören oder zu ertasten? Ein Rätsel! Empedokles hatte eine Erklärung dafür. Es ist das Prinzip des Erfassens von Gleichem durch Gleiches. Die Sinnesorgane, also Augen, Ohren, Zunge, Finger sind in ihrer Zusammensetzung den Dingen ähnlich, die sie erfassen wollen. Auf Grund dieser Ähnlichkeit beruht das Erfassen und Erkennen. Er meint, alles was der Mensch wahrnimmt, scheinen materielle, feine Ausströmungen zu sein, die vom Körper über kleine Poren in den Sinnesorganen aufgenommen werden. Diese Poren müssen von ihrer Größe jeweils auf die Art der Ausströmung angepasst sein. Irgendwo in uns, in unserem Kopf oder Körper muss also eine Art Speicher sein, in dem so etwas wie die zu erfassenden Objekte als Bilder vorliegen. Oder sie entstehen erst nach einer ersten Kontaktaufnahme als Erinnerungsspeicher. So würde ich das verstehen."

Leukippos begann seine Sachen zu packen und schaute ab und zu hinaus aufs Meer.

„Noch ein paar über die reine Materie hinausgehende Angaben von Empedokles. Er glaube an so etwas wie eine Seelenwanderung. In der Gestalt, dass Unrecht und Übeltaten sich irgendwann an ihren Tätern rächen, auch wenn es in einem späteren, neuen Leben ist. Wenn der Mensch Unrecht tut, kann er in eine frühere Lebensform zurück versetzt werden. Von dort kann er sich aber über pflanzliche Formen in tierische Wesen verwandeln und von da aus wiederum in menschliche Gestalten. Das geschieht aber über lange Zeiten. Das mag in wenigen Worten als Beschreibung der Ideen und Vorstellungen von Empedokles dienen."

Hermes

Hermes ist der Gott der Kommunikation.
Aber auch der Neugier und des Wissensdurstes,
der Innovation und der Überwindung vom
Herkömmlichen.
Auch wenn die Vorsokratiker, auch Demokrit, das
Walten der Götter etwas ausklammerten, so ein
wenig hat doch der Gott Hermes in ihre Tätigkeit
und ihr Bemühen hineingewirkt.

Demokrit

Leukippos schien es jetzt eilig zu haben.

„Ich habe dir jetzt das wichtigste der Lehren unserer bedeutendsten gescheiten hellenistischen Bürger nahe gebracht. Wie ich gespürt habe, scheinen diese Aussagen und vor allem die vielen Fragen dich zu beschäftigen. Daher will ich dir zum Schluss noch einen kurzen Überblick über meine Gedanken und Erkenntnisse geben. Ich denke so ähnlich wie Anaxagoras. Es muss irgendwelche kleinsten Teilchen oder Partikel geben, aus denen sich alles zusammensetzt und die nicht weiter teilbar oder zerkleinerbar sind. Wie die irgendwann einmal entstanden sind, ja, das ist das grosse Rätsel, worüber ich oft nachgedacht habe, aber bislang zu keinem klaren Ergebnis gekommen bin. Du siehst, die Natur und die Welt lassen unser Nachdenken nicht zur Ruhe kommen. Manchmal glaubt man, ein Ergebnis in den Händen zu halten, aber dann spürt man, dass das doch nicht alles ist und dass sich weitere Fragen regelrecht auftürmen. Aber das ist auch gut so, denn der Mensch ist meiner Ansicht nicht dazu da, um in der Sonne zu sitzen oder beim Wein in der Taverne. Auch nicht allein dazu, um den Acker zu bestellen oder die Olivenernte einzubringen. Ich beabsichtige, mit dem nächsten Schiff wieder nach Milet zu fahren, meine Familie und meine Freunde werden sich freuen, wenn ich voller Diskussionsfreude wieder in ihrem Kreis über all das, was uns umgibt nachdenken kann."

Mit diesen Worten verabschiedete sich Leukippos, denn er hatte ausgekundschaftet, dass im Hafen ein Schiff lag, das unter anderem auch nach Milet segeln wollte.

Demokrit war ein wenig traurig, denn so viel Neues in so kurzer Zeit hatte er jetzt erfahren, dass ihm manchmal der Kopf schwirrte. Er musste einfach einmal das, was ihm Leukippos über die anderen Philosophen beigebracht hatte, irgendwie in ein Konzept bringen und die einzelnen Thesen gegeneinander abwägen.

Die Angabe von Leukippos über die kleinsten Teilchen schien ihm ein ganz wichtiger und nachvollziehbarer Aspekt zu sein. Irgendwie musste er wieder an seinen Spaziergang mit seinem Vater vor einiger Zeit denken. Hier der grobe Stein und dort die kleinen Sandkörner, die offenbar aus dem Stein durch ein bewegliches und bewegtes Element, das Wasser, entstanden waren. Wenn sie trocken waren, rieselten sie einem aus der Hand, wenn sie nass waren, klebten sie aneinander als gehörten sie zusammen.

Wasser, Luft und Sonne schienen eine bedeutsame Wirkung auf diese kleinen Partikel auszuüben. Das Wasser schien sie schwer zu machen, die Sonne erleichterte die kleinen Körner, so das der Wind, wenn er stark genug war, sie sogar in die Luft wirbeln konnte.

Das Prinzip der Gegensätze fiel ihm wieder ein. Wie verhielt es sich eigentlich mit seinem Atem, also der Luft, die er einatmete. Irgend etwas musste darin enthalten sein, das er augenscheinlich zum Leben brauchte. Und dann musste er wieder ausatmen, als ob er etwas loswerden wollte. Was mochte sich darin befinden? Niemand hatte bislang nach den Bestandteilen gefragt, sondern das Atmen als Selbstverständlichkeit, als zum Leben gehörend angesehen. Eine brennende Kerze tauchte in seinem Gedächtnis auf. Wenn er langsam und länger auf die Kerze zublies, dann ging das Feuer aus. Auch das Feuer brauchte offenbar eine Grundlage, um brennen zu können. Also schienen in seiner Ausatmenluft kleine unsichtbare Bestandteile zu sein, die die Kraft des Feuers löschten.

Er hatte von seiner Mutter gehört, dass Kinder nach ihrer Geburt sofort atmen oder schreien, so als ob dieses nicht sichtbare Element um sie herum für das Leben unabdingbar sei. Was mochte es sein? Mit der eigenartigen Theorie von Empedokles, die Leukippos ihm in einem Nebensatz erzählt hatte, konnte sich Demokrit nicht anfreunden. Die Atmung sollte durch eine Bewegung des Blutes bewirkt werden. Wenn sich das Blut zurückzieht, hat die Luft Raum und sie strömt ein. Beim Ausströmen der Luft nimmt das Blut wieder seinen vorherigen Platz ein. Er versuchte einige Male ganz tief einzuatmen und dann wieder lange auszuatmen. Nein, das war keine grosse Flüssigkeitsbewegung in seinem Inneren zu spüren. Nun ja, diesen Gedanken wollte er nicht allzu lange weiter verfolgen.

Das mögliche Vorhandensein kleiner und allerkleinster Bestandteile von allem, was der Mensch in seiner Gesamtheit fühlen und sehen kann, ließ ihn aber nicht los.

Im Gegensatz zu Leukippos, der offenbar zu seinen Schlussfolgerungen ausschliesslich durch Überlegungen gekommen war, wollte er die Fragen durch praktische Maßnahmen und Untersuchungen klären. Er nahm sich ein Messer und versuchte nun, verschiedene Gegenstände durch Aufschneiden oder Zerkleinern zu ergründen. Er dachte wieder an den Schwamm, den Leukippos liegen gelassen hatte. Dieser liess sich ohne Probleme mit dem Messer weiter in immer kleinere Stücke schneiden. Als nächstes probierte er es mit einem Stück Marmor von der Insel Paros. Zu seinem Erstaunen konnte er mit dem Messer etwas davon abschaben. Ein anderer Stein erwies sich jedoch als hart und liess sich mit dem Messer überhaupt nicht traktieren.

Danach brach er sich von einem Olivenbaum einen kleinen Zweig ab. Mit etwas Mühe und Geduld konnte er ihn zerschneiden. Die daran hängende Olive zeigte zwei Eigenschaften. Zuerst konnte man sie einschneiden, dann jedoch stiess er auf den harten Kern. Nahm er hingegen einen Rettich, so konnte er ihn problemlos durchschneiden.

Wenn also die Denkansätze von Leukippos richtig sein sollten, dann schienen die kleinsten Bestandteile verschieden verdichtet zu sein. Beim Stein lagen sie ganz dicht beieinander und beim Rettich schienen sie große Abstände voneinander zu haben. Oder hatten sie gar verschiedene Formen? Rund oder eckig? Etwas Rundes war ja immer beweglicher und geschmeidiger als ein viereckiger Klotz.

Ein einzelnes dieser kleinsten Bestandteile oder Bausteine konnte man nicht sehen, sie tauchten in der Regel immer im Verbund auf, wurden also größer und damit für die Augen erfassbar.

Im Grunde, so meinte er, gäbe es nur die Leere und die Atome. Wobei er und auch andere der Vorsokratiker uns keine Definition und keine Erklärung für den Begriff der Leere anbieten konnten. Sie ist anscheinend da, seit ewigen Zeiten. Er bezeichnet sie als Nicht-Sein. Um auf die drei eben erwähnten Materialien zurückzukommen: Ein Stein besitzt augenscheinlich wenig Leere und ein Rettich viel Leere zwischen den einzelnen Atomen.

Demokrit postulierte, dass die Atome beweglich seien und sie bewegten sich in der Leere, um sich dort zusammen zu schliessen und sich zu verbinden. Er hatte aber keine Erklärung dafür, welche Kraft bewirkte, dass die Atome, so wollen wir jetzt die kleinsten Bestandteile fortan nennen, sich nicht als Einzelgänger in der Leere bewegten, sondern offenbar eine Art Drang, oder sagen wir es poetisch, eine Art Sehnsucht nach anderen aufwiesen und damit die Gebilde entstehen liessen, die wir sehen, tasten, schmecken oder gegebenenfalls riechen können.

Er meinte, in der Qualität seien alle Atome gleich, sie unterscheiden sich nur in Form, Größe und Lage. Sie können verschieden angeordnet sein, daraus ergibt sich die Verschiedenheit aller Dinge. Eines jedoch zeichnet alle Atome aus: Sie sind seiner Ansicht nach nicht weiter teilbar. Nur, wie bereits erwähnt, haben sie offenbar verschiedene Formen, sie können rund sein, eckig, aber immer in der Form eines regelmässigen geometrischen Körpers wie Kugel, Würfel, Zylinder. Die verschiedenen Körper unterscheiden sich somit nur in der Gestalt, der Ordnung und der Lage ihrer Atome.

Er machte sich auch Gedanken über die Wahrnehmung der Dinge. So kam er zu dem Schluss, dass die Dinge nur scheinbar eine Farbe haben. Was den Geschmack anbetrifft, so gab es für ihn kein sauer, süß oder bitter, alles hing von den Atomen im leeren Raum ab. Auch die Temperatur und ebenfalls die Härte von Gegenständen waren für ihn Sinnesempfindungen, die mit der Qualität der Atome zusammenhingen.

Zur eingeatmeten Luft meinte er, sie sei durch das Einatmen in kleinere Teile zersprengt worden und würde sich mit der Stimme beim Sprechen irgendwie wieder zusammenfügen.

Wenn er mit Freunden und Bekannten zusammen saß und über seine Erkenntnisse berichtete, erntete er zumeist ein freundliches, aber deutliches Missverstehen. Ob er denn schon mal eines dieser kleinen Teilchen zu Gesicht bekommen habe? Oder ob diese Atome so groß seien wie Ameisen, da sie sich ja bewegen sollten? Daher beschloss er, obwohl von seiner Natur her sehr gesellig, in Zukunft diese Gedanken mehr für sich zu behalten oder einigen Blättern Pergament anzuvertrauen.

Was ihn genauso beschäftigte wie die Atome war die Frage: Was ist das eigentlich in mir, was da sagen kann „Ich"? Was ist das, was mir Ansporn gibt zu suchen und zu fragen? Was mich freuen und ärgern lässt?

Es musste irgendwie in ihm drin stecken. Dieses Etwas, die Seele, sollte in Analogie zu seiner Atom-Theorie ebenfalls aus Atomen bestehen, die etwas feinerer Natur sein sollten. Nach seiner Ansicht war sie ein Verbund aus runden, glatten, feurigen und beweglichen Atomen, Diese Seelen-Atome sollten ebenso wie die anderen Atome unvergänglich ein, zerstreuten sich aber beim Eintritt des Todes, konnten sich aber einer neuen Seele anschliessen, die gerade im Entstehen war. Ob das eventuell so etwas wie eine Seelenwanderung war und damit die Seele unsterblich war, darüber war er sich noch nicht so im Klaren.

Auf jeden Fall war die Seele so etwas, die uns Erkenntnis ermöglichte. Er glaubte auch, dass von den uns umgebenden Dingen ständig feine Strahlungen oder Ausflüsse entstehen, die durch die Körperöffnungen, also die Sinnesorgane, in die Seele gelangen und dort Abbilder erzeugen, die den ursprünglichen Dingen ähnlich sind.

Demokrit glaubte nicht an den Zufall. Prägend erschien ihm eine gewisse Kausalität im Weltenganzen.

So wird ihm folgender Satz zugeschrieben:

Nicht ein Ding entsteht ohne Ursache, sondern alles entsteht aus irgendeinem Grund und mit Notwendigkeit

Nicht nur Atomismus und Seele waren Themen, um die seine Gedanken kreisten, nein, es ging um mehr, es ging ihm um eine gewisse Zufriedenheit im Leben, einen inneren Gleichmut, an dem Kleinigkeiten und Unwichtiges abprallten. Er schuf dafür den Begriff der Euthymie.

Lange hatte er sich jetzt an den Atomen fast kann man sagen „festgebissen", bis ihn irgendwie die Erkenntnis einholte: Das kann doch nicht alles im Leben sein? Sich nur mit einem Thema befassen und alles andere, was zum Leben dazu gehört, ins Abseits zu drängen. Konnte es nicht auch von Interesse sein, zu beaobchten, wie die Nachbarn ihr Leben gestalteten? Zu erleben, wie die Kinder aufwuchsen und ins Leben starteten? Wie verhielten sich die Menschen, wenn sie in Streit miteinander gerieten? Wie anders mussten die Menschen die Welt sehen, denen nicht das Glück beschieden war, aus dem Vollen schöpfen zu können so wie er?

So begann er, die Menschen in ihrem So-Sein näher zu beobachten.

Kinder in ihrer Ausgelassenheit und Fröhlichkeit waren mit ihrem Leben zufrieden, so schien es ihm. Erst wenn die Menschen begannen, Dinge anzustreben, die ausserhalb ihrer Möglichkeiten lagen, wurden sie unzufrieden und gar neidisch auf andere denen es besser ging. Mit solchen Gedanken sollte man sich tunlichst nicht ständig beschäftigen, sondern sich voller Einsicht mit dem Vorhandenen begnügen. Tut man es nicht und gibt sich sogar mit allzu Vielem ab oder überschreitet seine eigenen Fähigkeiten, so versetzt man seine

Seele in Unruhe. Erblickte man Menschen, die sich quälten und unter Krankheiten litten, so sollte man voller Dankbarkeit sein und sich glücklich schätzen, dass man auf der sonnigen Seite des Lebens stand.

Zum Leben von Demokrit

Er wurde im Jahr 460 v. Chr. in Abdera in Thrakien geboren. Er wuchs in einem reichen Elternhaus auf. Von seiner Jugend an interessierte er sich für viele Dinge und das Geld seiner Eltern erlaubte ihm eine umfangreiche Reisetätigkeit. Er besuchte Ägypten, Babylonien, Persien, ja er soll sogar bis nach Indien gelangt sein. Er selbst behauptete von sich, er sei von allen Weisen am meisten in der Welt herumgekommen. Als er von seinen Reisen zurückkam, war seine Reisekasse so leer, dass er auf die Unterstützung der Brüder angewiesen war. Trotz dieser Abhängigkeit bewahrte er ein heiteres Wesen und befasste sich mit vielen Wissenschaften, so der Biologie, der Medizin und auch der Astronomie. Alles floss in die „Kleine Weltgeschichte" ein, von der uns leider kaum etwas erhalten geblieben ist.

Er erreichte ein hohes Alter. Fragte man ihm nach dem Geheimnis seiner Langlebigkeit, so antwortete er, er esse täglich Honig und bade sich in Öl. Als er merkte, dass sich das Leben langsam aus seinem Körper zurückzog, nahm er immer weniger Nahrung zu sich, um sich langsam auszuhungern. Wenn man den Chronisten Glauben schenken darf, so wurde er über hundert Jahre alt.

Die Stadt Abdera ehrte ihn mit einem großen Staatsbegräbnis.

Demokrit (Zitate)

Auch das Angenehmste wird unangenehm im Übermass

Ähnlichkeit erzeugt Freundschaft

Die Welt ist eine Bühne, das Leben wie ein Durchgang. Du kamst, du sahst und du gingst wieder

Des Vaters Enthaltsamkeit ist des Kindes Vermächtnis

Der Sieg über sich selbst ist der erste und grösste Sieg

Leben ohne Feiern ist wie eine lange Strasse ohne Gaststätten

Die Glückseligkeit kommt nicht von äußeren Gütern, man muss sich daran gewöhnen, aus sich selbst die Freude zu schöpfen

Bildung des Geistes ist im Glück ein Schmuck, im Unglück eine Zufluchtsstätte

Kultur ist besser als Reichtum

Unrechttun macht unglücklicher als Unrechtleiden

Die Geizigen sind den Bienen zu vergleichen, sie arbeiten als ob sie ewig leben würden

Es werden mehr Menschen durch Übung tüchtig als durch ihre ursprüngliche Anlage

Zeittafel der Vorsokratiker

Thales von Milet 625 – 547
Anaximander 610 - 546
Pythagoras 580 – 496
Xenophanes 570 – 480
Parmenides 540 – 470
Heraklit 544 – 483
Empedokles 495 – 435
Demokrit 460 – 370
Anaxagoras von Klazomenai 500 – 428
Protagoras 485 – 415
Leukippos (er müsste etwas älter als Demokrit gewesen sein)

Weitere Philosophen

Anaximenes von Milet
Zenon von Elea
Melissos von Samos

Literatur

Crescenzo, de L.; Geschichte der griechischen Philosophie, Die Vorsokratiker, Diogenes, 1985

Ekschmitt, W.; Weltmodelle, Griechische Weltbilder von Thales bis Ptolemäus; Verlag Ph. V. Zabern, 1989

Göll, H.; Illustrierte Geschichte der Mythologie; Bechtermünz, 1991

Grabner-Haider, A.; Die wichtigsten Philosophen, Marix-Verlag, 2014

Hackmann, M; Anaconda, Köln, 2016

Kranz, W.; Griechische Philosophie, Anaconda, Köln, 2019

Poller, H.; Die Philosophen und ihre Kerngedanken, Ein geschichtlicherÜberblick; Olzog, 7. Aufl. 2011

Prominent Greeks of Antiquity, their lives and work; Editions M. Toubis, Attica, Greece

Rapp, Chr.; Vorsokratiker, Becksche Reihe Denker, 2. Aufl, 2007

Störig, H.J.; Kleine Weltgeschichte der Philosophie, Bertelsmann Lesering, 1961

Weitere Bücher des Autors

Alexander und Aristoteles
Eine späte (fiktive) Begegnung

Books on Demand

Näheres unter
www.literatur.drvolkmer.de

Neu: **2022**

Griechische Momente
Mythen, Reisen, Menschen

Books on Demand

Näheres unter
www.literatur.drvolkmer.de

Die Odyssee
Eine psychologische Reise
nach Ithaka

Books on Demand

Näheres unter
www.literatur.drvolkmer.de

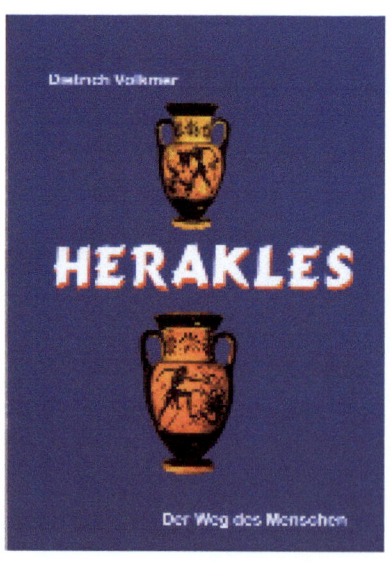

Herakles
Der Weg des Menschen

Books on Demand

Näheres unter
www.literatur.drvolkmer.de

Frankfurt und die Götter des Olymp
Ein fiktiver Besuch aus der Antike

Books on Demand

Näheres unter
www.literatur.drvolkmer.de

Helena und Paris
Ein dramatische Liebes-geschichte

Books on Demand

Näheres unter
www.literatur.drvolkmer.de

Weitere Bücher auf folgenden Seiten
www.literatur.drvolkmer.de